NIVEL
1

Las Tormentas

Miriam Busch Goin

NATIONAL
GEOGRAPHIC

Washington, D.C.

Para S.R. y N.J.—los dos fuerzas de la naturaleza—M.B.G.

Libro en rústica ISBN: 978-1-4263-2935-7
Encuadernación de biblioteca reforzada ISBN: 978-1-4263-2936-4

Tapa, 26-27 abajo: Visuals Unlimited/ Corbis; 1: Pekka Parviainen/ Photo Researchers, Inc.; 2: David Epperson/
Stone/ Getty Images; 4: Roy Corral/ Stone/ Getty Images; 4-5: Phil Degginger/ Alamy; 5: Danny Lehman/ Corbis;
6-7, 32 arriba izquierda: Roine Magnusson/ Stone/ Getty Images; 8-9, 32 abajo izquierda: Jhaz Photography/
Shutterstock; 10 izquierda, 10-11, 14-15, 32 abajo derecha: Gene Rhoden/ Weatherpix Stock Images; 12 arriba:
IntraClique/ Shutterstock; 12-13: Sebastian Knight/ Shutterstock; 13 derecha: Jim Reed/Photo Researchers RM/Getty
Images; 16-17: Ingo Arndt/ Minden Pictures/ NationalGeographicStock.com; 18-19: Hiroyuki Matsumoto/
Photographer's Choice/ Getty Images; 20-21: Steve McCurry/ NationalGeographicStock.com; 22-23: Mike Hill/ Alamy;
24-25: NASA/JPL/SSI; 26-27 arriba: Anatoli Styf/ Shutterstock; 27 arriba: Kazuyoshi Nomachi/ Corbis; 27 abajo,
32 arriba derecha: Solvin Zankl/ Photographer's Choice/ Getty Images; 28: JTB Photo Communications, Inc./ Alamy;
29 arriba: Alvaro Leiva/ Photolibrary.com; 29 abajo: Science Faction/ Getty Images; 30: Norbert Rosing/ National
Geographic/ Getty Images; 31 arriba: Gustavo Fadel/ Shutterstock; 31 abajo: Jaipal Singh/ epa/ Corbis.

National Geographic apoya a los educadores K-12 con Recursos del ELA Common Core.
Visita natgeoed.org/commoncore para más información.

Tabla de contenidos

¡El clima!

Las tormentas son importantes.
Los seres vivos necesitan agua dulce
de la lluvia y la nieve.

El viento puede ayudar a limpiar el aire. El clima enfría y calienta nuestro planeta para que sea perfecto para la vida.

Las nubes se forman de gotas de agua
tan pequeñas que flotan en el aire.

Estas nubes son pesadas y grises.
¿Puedes escuchar el viento?
Las hojas se mueven para adelante
y para atrás en las ramas. ¿Qué pasa?
¡Un día maravilloso y tormentoso!

Palabras climáticas

Clima: Cómo está afuera

Rayos y truenos

¡Destello! ¡Estruendo!

En estas nubes de tormenta, las gotas de agua se han congelado. Pequeños cristales de hielo chocan contra cristales más grandes. Esto provoca rayos. Los rayos calientan el aire rápidamente. Este cambio rápido de temperatura provoca ondas de sonido. ¡Los sonidos son truenos!

Palabras climáticas

Cristal: Una forma que es igual en todos sus costados

Los rayos son electricidad. Son más calientes que el sol. Algunos rayos saltan entre las nubes. Otros saltan desde el cielo hasta la tierra.

Los rayos pueden hacer círculos y otros diseños en el cielo. Hasta pueden rodar como las pelotas. Y viajan a velocidades de hasta sesenta millas o más.

Palabras climáticas

Electricidad: Energía que puede ser natural o hecha por el hombre

Estos son rayos "ribbon". Se ven cuando los vientos fuertes empujan los rayos hacia el costado.

Tormentas de granizo

¡Tunk! ¡Clunk!
Algunas tormentas crean
piedras de granizo.
Pero no son piedras.
Son hielo.

Dentro de algunas nubes de tormenta hay cristales de hielo que dan vueltas. Crecen más y más hasta que están lo suficientemente pesados que caen. El granizo puede ser grande o pequeño. Puede ser redondo o largo.

¡Estas piedras de granizo son excepcionalmente grandes!

Tornados

Soplan vientos fuertes.
Nubes negras cubren el cielo.
Cae el granizo. De repente, silencio.
En la distancia, una nube embudo
con forma de cono toca la tierra.

¡Tornado! ¡Ciclón!
Los dos son nombres para un
viento feroz, veloz y zigzagueante.

Los tornados que se forman sobre el
agua se llaman "tornados marinos".

P ¿Qué cae pero nunca toca el piso?   ¡La temperatura! **R**

Palabras climáticas

Embudo: Forma de cono, más ancho en la parte superior

Tormentas de arena

Una pared de viento levanta arena. Mientras el viento atraviesa la tierra, levanta más arena. La pared crece.

Cuando pasa rugiendo, puede destruir pequeñas cercas. En Australia, estas tormentas se llaman "willy-willys". En Sudán, se llaman "haboobs".

Tormentas de nieve

Los copos de nieve caen de nubes muy frías. Un viento frío sopla la nieve tan fuerte que no puedes ver lo que está enfrente.

Los copos de nieve son cristales de
hielo. En una tormenta de nieve,
hay billones y trillones de copitos.

Monzones

Los monzones son vientos que cambian con cada estación del año. La India sólo tiene dos estaciones. Los monzones de invierno son secos.

Los monzones de verano traen MUCHÍSIMA lluvia. Todos festejan porque la lluvia ayuda a los cultivos.

Huracanes

El verano está terminando. Nubes negras se forman sobre el océano. Vientos fuertes levantan el agua del océano hacia estas nubes en movimiento. ¡Huracán! ¡Ciclón! ¡Tifón! Los vientos de huracanes destruyen casas. El agua inunda las calles y los edificios. Estos vientos giran en un círculo. El centro del huracán es tranquilo. Se llama el "ojo" de la tormenta.

P ¿Cómo ven los huracanes?

R Con un ojo.

¡Fuera de este mundo!

¿Dónde existen las peores tormentas? ¡No es en la Tierra!

¡El huracán de Júpiter lleva más de 400 años soplando! En 2006, una tormenta eléctrica en Saturno duró muchas semanas. Los rayos de esta tormenta fueron 1.000 veces más poderosos que los rayos en la Tierra! ¡Y Neptuno tiene vientos que corren a 900 millas

El huracán de Júpiter se llama La Gran Mancha Roja.

¡Adivina!

Las tormentas se forman de muchas partes pequeñas. ¡Junto con el viento, estas partes son fuertes!

Adivina qué son estas partes pequeñas.

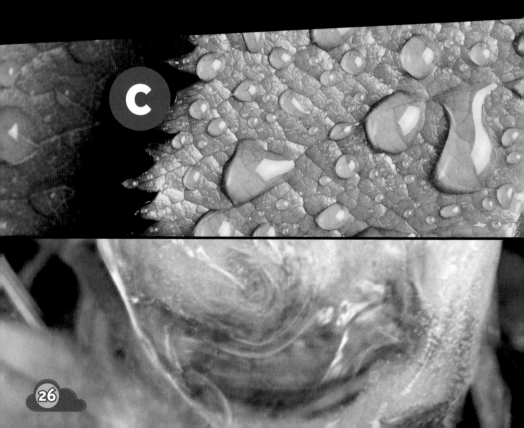

C

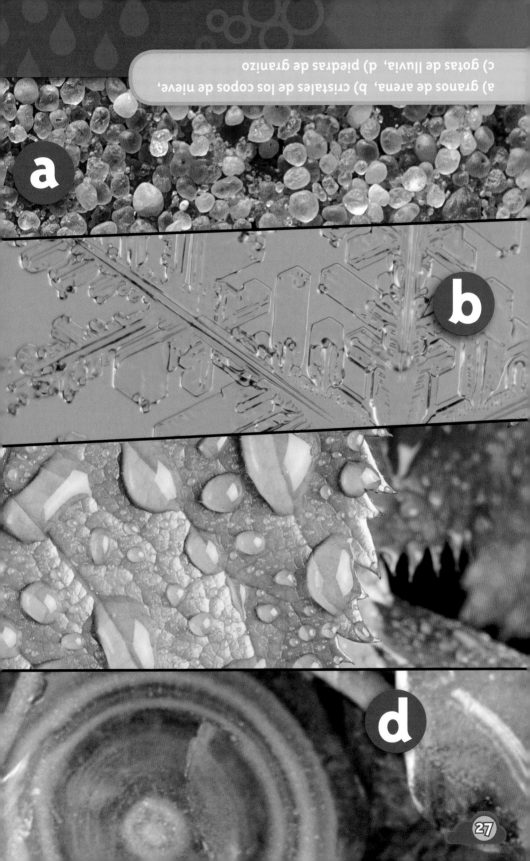

27

Refugio para una tormenta

Ésta es una casa sobre zancos. Después del monzón, el agua y el barro fluyen debajo de la casa.

Durante una tormenta, esta carpa no deja pasar la arena. Un refugio bajo la tierra ayuda a proteger a las personas durante un tornado.

Animales salvajes, clima salvaje

En una tormenta de nieve, estos bueyes se juntan. Miran hacia el viento para mantener a sus cuerpos calentitos.

Durante un haboob, los camellos cierran su segundo par de párpados para protegerse. Su nariz larga y delgada y sus orejas peludas también ayudan contra la arena.

Durante las lluvias del monzón, algunos monos se esconden en edificios o debajo de ramitas. Otros no tienen problema en mojarse.

CLIMA
Cómo está afuera

CRISTAL
Una forma que es igual en
todos sus costados

ELECTRICIDAD
Energía que puede ser natural
o hecha por el hombre

EMBUDO
Forma de cono, más ancho
en la parte superior

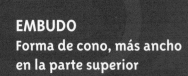